RETRAITES OUVRIÈRES ET PAYSANNES

LOIS, DÉCRETS ET ARRÊTÉS

LOIS

LOI DU 5 AVRIL 1910

*modifiée par les lois des 27 février 1912, 27 décembre 1912
et 17 août 1915 (1)*

TITRE I

CONSTITUTION DES RETRAITES

Art. 1-§ 1. — Les salariés des deux sexes de l'industrie, du commerce, des professions libérales et de l'agriculture, les serviteurs à gages, les salariés de l'État qui ne sont pas placés sous le régime des pensions civiles ou des pensions militaires, et les salariés des départements et des communes bénéficieront, dans les conditions déterminées par la présente loi, d'une retraite de vieillesse.

§ 2. — Un règlement d'administration publique déterminera les conditions dans lesquelles les dispositions de la présente loi seront applicables aux salariés français visés au présent article qui sont occupés en dehors de la métropole (2).

Art. 2-§ 1. — La retraite de vieillesse est constituée par des

---

(1) Les modifications apportées par les lois des 27 février 1912, 27 décembre 1912 et 17 août 1915 figurent en italique dans le texte ci-après. — Voir, en outre, page 32 l'article 62 de la loi du 27 février 1912, modifié par la loi du 11 juillet 1912.
(2) Paragraphe nouveau introduit par la loi du 17 août 1915.

§ 2. — *L'employeur qui aura obtenu, à cet effet, une autorisation du préfet, et qui aura déposé entre les mains du préposé de la Caisse des Dépôts et Consignations de son arrondissement un cautionnement non productif d'intérêt dont le chiffre est fixé et revisé périodiquement par le préfet, en prenant pour base le montant de ses contributions ouvrière et patronale pendant un trimestre, pourra n'apposer que quatre fois par an, dans les quinze premiers jours de chaque trimestre, les timbres mobiles représentant lesdites contributions pour la période trimestrielle précédente. Les patrons qui appartiendraient à une association autorisée par un arrêté du ministre du Travail et garantissant solidairement la solvabilité de ses adhérents au point de vue du paiement des contributions patronale et ouvrière, jouiront de la même faculté. Dans l'un ou l'autre cas, l'autorisation émanant soit du ministre du Travail, soit du préfet, sera portée à la connaissance des salariés, par voie d'affichage permanent, dans le local où la paie est effectuée. Si l'ouvrier quitte l'établissement, ou si sa carte doit être échangée avant l'expiration du trimestre, l'employeur devra procéder sans retard à l'apposition des timbres exigibles à la date du départ ou de l'échange* (1).

§ 3. — *Les employeurs qui occupent des salariés non soumis aux dispositions de l'article 44 du livre Ier du Code du travail sur le paiement des salaires sont tenus d'apposer, lors de l'échange de la carte annuelle, les timbres correspondant à la période de travail effectuée depuis la précédente paie* (1).

§ 4. — Chaque assuré reçoit gratuitement une carte personnelle d'identité, ainsi que des cartes annuelles destinées à l'apposition de timbres constatant les versements effectués obligatoirement pour son compte ou facultativement par lui-même. *Pendant toute la période de validité de sa carte annuelle, l'assuré est présumé appartenir à la catégorie en vue de laquelle cette carte lui a été délivrée* (2).

§ 5. — *Le montant total du prélèvement et de la contribution patronale est représenté par un ou plusieurs timbres retraite d'un type uniforme, que l'employeur doit apposer sur la carte de l'assuré et sur lesquels il mentionne la date de l'apposition, à l'exclusion de toute autre indication. Les timbres dépourvus*

---

(1) Paragraphe nouveau introduit par la loi du 17 août 1915.
(2) Texte en italique ajouté par la loi du 17 août 1915.

de cette mention sont présumés représenter des versements personnels de l'assuré (1).

§ 6. — Pour les salariés intermittents, les versements obligatoires seront affectués sur la base des versements mensuels, dans les conditions qui seront déterminées par un règlement d'administration publique, sans pouvoir dépasser les limites fixées au § 3 de l'article 2 de la présente loi.

§ 7. — Les sociétés de secours mutuels, les caisses d'épargne ordinaires et les autres caisses prévues à l'article 14 de la présente loi peuvent se charger de l'encaissement des versements obligatoires ou facultatifs de leurs adhérents, si ceux-ci en font la demande.

§ 8. — Elles peuvent recevoir d'avance les versements obligatoires des assurés, à condition de les inscrire sur leurs cartes avec une mention spéciale.

§ 9. — *Les employeurs qui occupent des salariés adhérents à des organismes admis à faire l'encaissement peuvent faire rembourser, par lesdits organismes, dans les mêmes conditions que ci-dessus leur contribution patronale. Lorsqu'ils n'useront pas de cette faculté, ils s'acquitteront de leur contribution par l'apposition d'un timbre mobile* (2).

§ 10. — Un règlement d'administration publique déterminera dans quelles conditions les sociétés de secours mutuels et les autres caisses devront justifier de l'encaissement des cotisations et du versement qu'elles seront tenues d'en faire à la Caisse des Dépôts et Consignations.

§ 11. — Ceux qui justifieront être déjà adhérents et payer leur cotisation à une société de secours mutuels ou de prévoyance faisant la retraite, ceux qui justifieront avoir contracté un engagement pour l'achat ou la construction d'une habitation à bon marché, ou pour l'acquisition d'une petite propriété (champ ou jardin), conformément aux conditions des lois des 30 novembre 1894, 30 avril 1904, 12 avril 1906 et 10 avril 1908 pourront être autorisés à continuer à appliquer à ces œuvres

(1) Modifié par la loi du 17 août 1915; ancien texte: — Le montant total du prélèvement et de la contribution patronale est représenté par un timbre mobile que l'employeur doit apposer sur la carte de l'assuré.

(2) Modifié par la loi du 17 août 1915; ancien texte: — ... par les employeurs s'acquittent de leurs contributions par l'apposition d'un timbre mobile.

les versements personnels auxquels ils seront tenus par la présente loi.

§ 12. — Ils conserveront le bénéfice de la contribution des employeurs et de la subvention complémentaire de l'État.

Art. 4-§ 1. — *L'allocation viagère de l'État est fixée à cent francs (100 fr.), à l'âge de soixante ans. Elle sera augmentée d'une bonification d'un dixième pour tout assuré de l'un ou de l'autre sexe ayant élevé au moins trois enfants jusqu'à l'âge de seize ans* (1). *Si, au moment de la liquidation de la retraite, les enfants ou l'un d'entre eux ont moins de seize ans, la bonification du dixième sera accordée lorsque le nombre des enfants élevés jusqu'à seize ans et des enfants vivants au moment de la liquidation, quel que soit l'âge de ces derniers, sera de trois au moins* (2).

§ 2. — *Pour être admis au bénéfice de cette allocation, l'assuré devra justifier d'au moins trente versements annuels atteignant chacun, y compris ses versements facultatifs, les cinq sixièmes de la double cotisation prévue à l'article 2, soit 15 francs pour les hommes, 10 francs pour les femmes, 7ᶠ 50 pour les années d'assurance au-dessous de dix-huit ans* (3).

§ 3. — Si le nombre des années de versement est inférieur à trente et supérieur à quinze, l'allocation sera calculée d'après le nombre des années de versement, ledit nombre multiplié par 3ᶠ 33 (4).

§ 4. — *La durée effective du service militaire obligatoire dans l'armée active entre* en ligne de compte pour la détermination du montant de l'allocation viagère (5). *Pour les femmes, chaque naissance d'enfant, constatée par la déclaration faite à l'officier de l'état civil, compte pour une année dans la détermination du montant de l'allocation viagère* (6).

§ 5. — Pour les assurés de la période transitoire ayant au

---

(1) Loi du 27 février 1912, ancien article 4-§ 1 :
« L'allocation viagère de l'État est fixée à soixante francs (60 fr.), à l'âge de soixante-cinq ans. »
(2) Dernière phrase ajoutée par la loi du 17 août 1915.
(3) Modifié par la loi du 17 août 1915; ancien texte :
« Pour être admis au bénéfice de cette allocation, l'assuré devra justifier qu'il a effectué au moins trente versements annuels atteignant, y compris ses versements facultatifs, le chiffre fixé à l'article 2. »
(4) Modifié par la loi du 27 février 1912, ancien texte : ... « multiplié par 1ᶠ 50. »
(5) Modifié par la loi du 17 août 1915; ancien texte :
« Les deux années de service militaire obligatoire entrent en ligne de compte pour la détermination du montant de l'allocation viagère. »
(6) Dernière phrase ajoutée par la loi du 27 février 1912.

moins trente ans accomplis au moment de la mise en vigueur de la loi, le nombre des années de versements exigées pour avoir droit à l'allocation *prévue au paragraphe 1er* sera égal au nombre des années écoulées depuis la mise en vigueur de la loi, *jusqu'à la soixantième année,* à condition que lesdits assurés justifieront *qu'au 3 juillet 1911* ils faisaient partie, depuis trois ans au moins, des catégories de l'article 1 (1).

§ 6. — Si le montant des versements annuels effectués n'atteint pas, y compris les versements facultatifs de l'assuré, le total des versements fixés par *le paragraphe 2 du présent article* (2), l'allocation sera l'objet d'une réduction proportionnelle.

§ 7. — Les allocations viagères de l'État sont payées en arrérages au moyen des crédits inscrits au budget du ministère du Travail et de la Prévoyance sociale (3).

Art. 5 § 1. — L'âge normal de la retraite est de *soixante ans.*

---

(1) Modifié par la loi du 27 février 1912; ancien texte :

« Pour les assurés de la période transitoire ayant au moins trente-cinq ans accomplis au moment de la mise en vigueur de la loi, le nombre des années de versements exigées pour avoir droit à l'allocation de soixante francs (60 fr.) sera égal au nombre des années écoulées depuis la mise en vigueur de la loi, à condition que lesdits assurés justifieront qu'au moment de la mise en vigueur de la loi ils faisaient partie, depuis trois ans au moins, des catégories de l'article 1. »

(2) Modifié par la loi du 17 août 1915; ancien texte : « fixés par l'article 2 ».

(3) Loi du 27 février 1912; ancien texte :

Le capital constitutif de l'allocation est versé au compte du bénéficiaire à la Caisse nationale des Retraites pour la vieillesse.

D'autre part, pour les assurés ayant plus de quarante-cinq ans lors de l'entrée en vigueur de la présente loi, l'allocation viagère sera portée aux chiffres suivants par des bonifications annuelles ordonnancées sur les crédits inscrits au budget du ministère du Travail :

« Âge des assurés au moment de l'entrée en vigueur de la loi	
64 à 65 ans	100f
63 à 64 —	98
62 à 63 —	96
61 à 62 —	94
60 à 61 —	92
59 à 60 —	90
58 à 59 —	88
57 à 58 —	86
56 à 57 —	84
55 à 56 —	82
54 à 55 —	80
53 à 54 —	78
52 à 53 —	76
51 à 52 —	74
50 à 51 —	72
49 à 50 —	70
48 à 49 —	68
47 à 48 —	66
46 à 47 —	64
45 à 46 —	62

Tout assuré aura la faculté d'en ajourner la liquidation jusqu'à l'âge de soixante-cinq ans (1).

§ 2. — Tout assuré pourra, à partir de cinquante-cinq ans, réclamer la liquidation anticipée de sa retraite; mais, dans ce cas, l'allocation viagère accordée par l'État sera aussi l'objet d'une liquidation reportée au même âge et réduite en conséquence.

§ 3. — Les assurés de la période transitoire seront également admis au bénéfice de la liquidation anticipée si, pendant les cinq années qui auront précédé la liquidation de la retraite, ils ont appartenu aux catégories de l'article 1 et s'ils ont versé chaque année, pendant cette période, des sommes au moins égales au montant des versements obligatoires prévus à l'article 2.

§ 4. — Lorsque l'assuré ne demandera la liquidation de sa retraite que postérieurement à l'âge de soixante ans, l'allocation de l'État sera versée à la fin de chaque année et jusqu'à l'époque de la liquidation, soit entre les mains de l'intéressé, à son choix, soit à l'une des caisses indiquées à l'article 14 de la loi (2).

§ 5. — Lorsqu'il n'aura pas droit à l'allocation viagère ou à la bonification et lorsque sa pension, visée au présent titre ou au titre V, n'atteindra pas le chiffre annuel de quatre francs (4 fr.), l'assuré pourra demander le remboursement intégral et sans intérêts des sommes portées à son compte. Cette demande devra toujours être faite au plus tard dans le délai d'un mois, à compter de la date de la notification faite par la caisse d'assurance au titulaire du montant de la rente définitive (3).

ART. 6 § 1. — Si un assuré décède avant la date d'échéance du premier terme de sa pension de retraite ou du premier terme de l'allocation de l'État liquidée dans les conditions prévues à l'article 5 § 1, il sera alloué (4):

§ 2. — 1° À ses enfants âgés de moins de seize ans, une somme de cinquante francs (50 fr.) par mois pendant sa mois, s'ils sont au nombre de trois ou plus; cinquante francs (50 fr.) par mois, pendant cinq mois, s'ils sont au nombre de deux,

(1) Modifié par la loi du 27 février 1912; ancien texte: « L'âge normal de la retraite est de soixante-cinq ans. »
(2) Paragraphe nouveau introduit par la loi du 27 février 1912.
(3) Paragraphe nouveau introduit par la loi du 5 août 1915.
(4) Modifié par la loi du 5 août 1915. Ancien texte:
« Si un assuré ayant satisfait aux obligations de la présente loi décède avant d'être pourvu d'une pension de retraite de vieillesse, il est alloué: »

cinquante francs (50 fr.) par mois pendant quatre mois, s'il n'y en a qu'un seul;

§ 3. — 2° A la veuve sans enfants de moins de seize ans, cinquante francs (50 fr.) par mois pendant trois mois.

§ 4. — En cas de divorce, les mêmes avantages seront alloués à la femme non remariée quand le divorce aura été prononcé aux torts exclusifs du mari.

§ 5. — *Dans le cas où un assuré décède après échéance d'un ou plusieurs termes de sa pension, ou de l'allocation de l'État, mais avant que le montant des arrérages échus atteigne le montant de l'allocation au décès dont auraient pu bénéficier ses ayants droit, s'il avait été encore assuré au moment de son décès, ces derniers auront droit à l'allocation au décès qui sera alors liquidée, déduction faite des arrérages échus. Dans le cas où l'allocation a été liquidée au profit des enfants de l'assuré, dans les conditions du paragraphe 2 du présent article, si lesdits enfants viennent à décéder, la mère aura droit aux mensualités de l'allocation qui n'ont pas encore été payées à ces derniers (1).*

§ 6. — Les veuves d'origine française des salariés étrangers visés à l'article 11, soit sans enfants, soit avec un ou plusieurs enfants, bénéficient des dispositions précédentes, si elles sont naturalisées, elles et leurs enfants, dans l'année qui suit le décès de l'époux et, le cas échéant, à condition que la naturalisation des enfants soit intervenue dans les conditions prévues par l'avant-dernier alinéa de l'article 9 du Code civil modifié par la loi du 26 juin 1889 et par l'article 1 de la loi du 5 avril 1909.

§ 7. — *Les allocations prévues aux paragraphes précédents ne seront acquises aux ayants droit que si l'assuré décédé a effectué des versements chaque année, pendant qu'il réunissait les conditions fixées à l'article 1er, et si le total des versements constatés sur ses cartes annuelles successives atteint au moins les trois cinquièmes de ceux prévus au paragraphe 2 de l'article 4 (2).*

Art. 7-§ 1. — Le bénéfice de la loi du 14 juillet 1905 sera étendu aux personnes visées à l'article 1, âgées de soixante-cinq à soixante-neuf ans au moment de l'entrée en vigueur de la présente loi et reconnues admissibles aux allocations de la loi

(1) Paragraphe nouveau introduit par la loi du 17 août 1915.
(2) Modifié par la loi du 17 août 1915; ancien texte :
« Les allocations prévues aux paragraphes précédents ne seront acquises aux ayants droit que si l'assuré décédé a effectué les trois cinquièmes des versements obligatoires prévus à l'article 2. »

d'assistance; mais les sommes qui leur seront attribuées *chaque année ne pourront être supérieures à cent francs (100 fr.)*.

§ 2. — *Elles seront à la charge de l'État* (1).

§ 3. — Un règlement d'administration publique déterminera les conditions spéciales dans lesquelles seront dressées les listes des bénéficiaires du présent article, ainsi que la composition et les attributions des commissions chargées de statuer sur les allocations et sur les secours.

Art. 8-§ 1. — Les bénéficiaires de l'article 1 garderont les avantages prévus par l'article 20 de la loi du 14 juillet 1905.

§ 2. — La retraite acquise par les versements des salariés et les contributions patronales sera considérée comme provenant de l'épargne, la rente étant calculée à cet effet comme si tous les versements avaient été effectués à capital aliéné.

Art. 9-§ 1. — Les assurés qui seront atteints, en dehors des cas régis par la loi du 9 avril 1898, et à l'exclusion de toute faute intentionnelle, de blessures graves ou d'infirmités prématurées entraînant une incapacité absolue et permanente de travail auront droit, quel que soit leur âge, à la liquidation anticipée de leur retraite.

§ 2. — La constatation de cette incapacité sera faite dans les conditions et formes déterminées par un règlement d'administration publique.

§ 3. — La retraite liquidée sera bonifiée par l'État dans les conditions fixées par ce règlement, au moyen de crédits spéciaux, annuellement ouverts à cet effet par la loi de finances, sans que la bonification puisse dépasser *cent francs (100 fr.)* de rente, ni la retraite devenir supérieure à trois cent soixante francs (360 fr.), bonification comprise (2).

---

(1) Modifié par la loi du 27 février 1912; ancien texte :
« *Article 7.* — Le bénéfice de la loi du 14 juillet 1905 sera étendu aux personnes visées à l'article 1, âgées de soixante-cinq à soixante-neuf ans au moment de l'entrée en vigueur de la présente loi et reconnues admissibles aux allocations de la loi d'assistance; mais les sommes qui leur seront attribuées seront limitées à la moitié des allocations accordées par application de cette dernière loi et seront à la charge exclusive de l'État.
« Toutefois, les sommes attribuées chaque année ne pourront être supérieures à cent francs (100 fr.). »
(2) Modifié par les lois des 27 février et 27 décembre 1912; ancien texte :
« La retraite liquidée sera bonifiée par l'État, dans les conditions fixées par ce règlement, au moyen de crédits spéciaux, annuellement ouverts à cet effet par la loi de finances, sans que la bonification puisse dépasser soixante francs (60 fr.) de rente, ni la retraite devenir supérieure au triple de la liquidation ou excéder trois cent soixante francs (360 fr.), bonification comprise. »

Art. 10- § 1. — Les agents, employés et ouvriers des grandes Compagnies de chemin de fer d'intérêt général et de l'Administration des chemins de fer de l'État, les ouvriers et employés des mines et les inscrits maritimes demeurent respectivement soumis aux législations spéciales qui les régissent.

§ 2. — Il en sera de même des agents, employés et ouvriers des chemins de fer d'intérêt général secondaires, des chemins de fer d'intérêt local et des tramways. Toutefois, si les dispositions établies en leur faveur par les exploitants dans les conventions passées, s'il y a lieu, entre ces derniers et l'État, les départements ou les communes intéressées sous l'approbation des ministres des Travaux publics et de l'Intérieur, donnée après avis du ministre du Travail, ne devaient pas leur assurer une retraite au moins égale à celle résultant de la présente loi, celle-ci leur serait applicable dans les conditions qui seront fixées par un arrêté concerté entre le ministre des Finances, le ministre des Travaux publics et le ministre du Travail.

§ 3. — Les caisses de retraites ou les règlements de retraites dont bénéficient actuellement les salariés de l'État qui ne sont pas placés sous le régime des pensions civiles ou des pensions militaires, et les salariés des départements, des communes *et des caisses d'épargne peuvent* être maintenus par décrets rendus sur la proposition des ministres du Travail et des Finances et du ministre compétent (1).

§ 4. — De nouvelles caisses ou de nouveaux règlements de retraites pourront être institués dans les mêmes conditions.

§ 5. — *Les salariés dont la rémunération annuelle dépasse 3.000 francs ne seront point soumis aux obligations de la présente loi, mais ils conserveront leurs droits acquis s'ils ont été antérieurement placés sous le régime de l'assurance obligatoire. Est présumé avoir la qualité d'assuré obligatoire tout salarié dont la rémunération annuelle chez un même employeur n'excède pas 3.000 francs, à moins que ledit salarié ne bénéficie effectivement d'un des régimes spéciaux de retraites visé au présent article (2).*

(1) Modifié par la loi du 17 août 1915; ancien texte :
« Les caisses de retraites ou les règlements de retraites dont bénéficient actuellement les salariés de l'État qui ne sont pas placés sous le régime des pensions civiles ou des pensions militaires, et les salariés des départements et des communes pourront être maintenus par décrets rendus sur la proposition des ministres du Travail et des Finances et du ministre compétent. »
(2) Modifié par la loi du 17 août 1915; ancien texte :
« Les salariés dont la rémunération annuelle dépasse trois mille francs (3.000 fr.) ne seront pas soumis aux obligations de la présente loi. Ceux dont la rémunération annuelle atteindra trois mille francs (3.000 fr.) cesseront de faire partie de la liste des assurés, mais ils conserveront leurs droits acquis. »

Art. 11-§ 1. — Les salariés étrangers travaillant en France sont soumis au même régime que les salariés français.

§ 2. — Toutefois, ils ne peuvent bénéficier *soit* des contributions patronales *seulement, soit des contributions patronales* et des allocations et bonifications budgétaires, que si les traités avec les pays d'origine garantissent à nos nationaux des avantages équivalents (1).

§ 3. — Lorsqu'il n'y a pas lieu à application de l'alinéa précédent, les contributions patronales sont affectées à un fonds de réserve.

§ 4. — Sont également affectées au fonds de réserve les contributions patronales correspondant à l'emploi des salariés dont la retraite est déjà liquidée (2).

§ 5. — Les chefs d'industrie qui auront constitué chez eux des caisses de retraites patronales autorisées comme il est dit à l'article 19, seront tenus de verser au fonds de réserve la contribution patronale afférente à ceux de leurs salariés qui, par application des deux paragraphes précédents, ne pourraient bénéficier de cette contribution.

Art. 12-§ 1. — Les tarifs des retraites sont calculés pour chacune des caisses visées à l'article 14 dans des conditions déterminées par un règlement d'administration publique rendu sur la proposition des ministres du Travail et des Finances, après avis du Conseil supérieur des Retraites ouvrières, d'après le taux d'intérêt des placements de chaque caisse et provisoirement d'après la table de mortalité de la Caisse nationale des Retraites pour la vieillesse.

§ 2. — Le taux d'intérêt est gradué par décime.

§ 3. — Des décrets rendus sur la proposition des ministres du Travail et des Finances arrêteront, sur le vu des statistiques établies par le ministre du Travail, de nouvelles tables de mortalité pour les retraites de vieillesse régies par la présente loi, ainsi que des tables de mortalité spéciales pour la liquidation des retraites anticipées d'invalidité.

---

(1) Modifié par la loi du 17 août 1915; ancien texte :
« Toutefois, ils ne peuvent bénéficier des contributions patronales et des allocations ou bonifications budgétaires que si des traités avec les pays d'origine garantissent à nos nationaux des avantages équivalents. »
(2) Le mot « français » a été supprimé dans l'ancien texte, après les mots « correspondant à l'emploi des salariés (français) dont... » par la loi du 15 août 1915.

§ 4. — Les tarifs ne comportent pas de prorata au décès. Ils ne comprennent que des âges entiers, les versements étant considérés comme effectués par les intéressés à l'âge qu'ils ont accompli au cours de l'année dans laquelle les versements sont reçus par l'organisme d'assurance.

§ 5. — Les tarifs ne comportent pas de chargements pour les frais d'administration des divers organismes ; il y est pourvu par une allocation forfaitaire par compte d'assuré ayant donné lieu dans l'année à des opérations de recettes ou de dépenses.

§ 6. — Cette allocation comprendra :

1º *Une remise de 5 % aux organismes visés au dernier alinéa du présent article ou aux nᵒˢ 2º, 3º et 6º de l'article 14 ci-après, pour les frais d'encaissement de la cotisation de l'assuré ; une remise de 1 % aux mêmes organismes pour frais d'encaissement de la cotisation patronale, quand ces cotisations, ou l'une ou l'autre d'entre elles, sont recouvrées par leur intermédiaire (1).*

2º Une indemnité de un franc (1 fr.) pour le fonctionnement de l'assurance-vieillesse.

§ 7. — Elle sera payée chaque année au moyen du fonds de réserve visé à l'article 16, et subsidiairement au moyen d'un crédit ouvert au budget du ministère du Travail.

§ 8. — Les caisses d'épargne, les sociétés de secours mutuels et les syndicats qui seront admis par les ministres du Travail et des Finances, dans les conditions déterminées par un règlement d'administration publique, à se charger des encaissements de cotisations pour l'une des caisses visées à l'article 14 sont soumis, pour ces encaissements, au contrôle financier du ministre des Finances.

Art. 13-§ 1. — Lorsque la retraite en cours d'acquisition dépasse cent quatre-vingts francs (180 fr.), l'assuré peut, à toute époque, et après examen médical, affecter la valeur en capital du surplus, soit à une assurance en cas de décès, soit à l'acquisition d'une terre ou d'une habitation qui deviendra inaliénable et insaisissable, dans les conditions déterminées par la législation sur la constitution d'un bien de famille insaisissable.

---

(1) Modifié par la loi du 17 août 1915 ; ancien texte :
« 1º Une remise de cinq pour cent (5 %) pour les frais d'encaissement et d'envoi des fonds à l'établissement assureur. »

Art. 14- § 1. — Les comptes individuels des assurés sont ouverts à leur choix dans l'une des caisses ci-après :

1º Caisse nationale des Retraites pour la vieillesse, dont la gestion continue à être assurée dans les conditions de la loi du 20 juillet 1886 par la Caisse des Dépôts et Consignations, sous le contrôle de la Commission de surveillance placée auprès de cette caisse et qui ouvrira dans ses écritures une section spéciale pour les opérations afférentes à la présente loi;

2º Sociétés ou unions de sociétés de secours mutuels dans les conditions spécifiées à l'article 17;

3º Caisses départementales ou régionales de retraites instituées par décret et administrées par des comités de direction composés pour un tiers de représentants du Gouvernement, pour un tiers de représentants élus des assurés et pour le troisième tiers de représentants élus des employeurs;

4º Caisses patronales ou syndicales de retraites;

5º Caisses de syndicats de garantie liant solidairement les patrons adhérents pour l'assurance de la retraite;

6º Caisses de retraites de syndicats professionnels.

§ 2. — Les caisses prévues aux cinq derniers alinéas ci-dessus relèvent du ministre du Travail. Elles jouissent de la personnalité civile et sont soumises au contrôle financier du ministre des Finances, dans les conditions qui seront déterminées par un règlement d'administration publique. Leurs fonds sont employés en placements prévus à l'article ci-après.

§ 3 — *Chaque caisse, dans un délai de deux mois à compter de la réception par elle de la carte annuelle de chaque assuré, délivre gratuitement à ce dernier un bulletin indiquant le total des versements obligatoires et facultatifs qu'elle a reçus depuis l'époque de la délivrance du précédent bulletin, ainsi que le montant de la rente éventuelle à soixante-cinq ans acquise par lui, après inscription à son compte des versements constatés à sa dernière carte échangée* (1 et 2).

---

(1) Modifié par la loi du 17 août 1915; ancien texte :

« Chaque caisse, dans le premier semestre de chaque année, délivre gratuitement aux assurés un bulletin indiquant le total des versements obligatoires et facultatifs qu'elle a reçus pendant l'année précédente, ainsi que le montant de la retraite éventuelle à soixante-cinq ans atteinte au 31 décembre de l'année précédente. »

(2) La loi du 27 février 1912 avait introduit à l'article 14 le paragraphe suivant qui a été supprimé par la loi du 17 août 1915 :

« *Le bulletin indique en outre le coefficient de réduction servant à obtenir le montant de la pension correspondant à l'âge de soixante ans, pour les titulaires qui n'ont pas atteint cet âge.* »

Art. 15- § 1. — Pour l'application de la présente loi, la gestion financière des divers organismes visés à l'article précédent est confiée à la Caisse des Dépôts et Consignations, qui effectue gratuitement leurs placements moyennant le simple remboursement des droits et frais de courtage ou d'acquisition.

§ 2. — Un règlement d'administration publique, rendu sur la proposition du ministre des Finances et du ministre du Travail, après avis de la Commission de surveillance de la Caisse des Dépôts et Consignations, détermine les mesures d'exécution relatives à la gestion financière.

§ 3. — Les placements sont effectués : 1° en valeurs de l'État ou jouissant de la garantie de l'État ; 2° en prêts aux départements, communes, colonies ou pays de protectorat, établissements publics, chambres de commerce, et en obligations foncières ou communales du Crédit Foncier ; 3° sur l'avis favorable du Conseil supérieur des Retraites ouvrières prévu ci-après et jusqu'à concurrence d'un quatre centième en acquisitions de terrains incultes à reboiser ou de forêts existantes ; 4° sur l'avis favorable du Conseil supérieur des Retraites ouvrières, et jusqu'à concurrence du *cinquième* (1) en prêts aux institutions visées par l'article 6 de la loi du 12 avril 1906 et aux institutions de prévoyance et d'hygiène sociales reconnues d'utilité publique, ou en prêts hypothécaires sur habitations ouvrières ou jardins ouvriers, ainsi qu'en obligations de sociétés d'habitations à bon marché établies conformément à la même loi du 12 avril 1906 *et en actions complètement libérées des sociétés de crédit immobilier constituées conformément à la loi du 10 avril 1908* (2).

§ 4. — Les sommes non employées seront versées en compte courant au Trésor dans les limites d'un maximum et à un taux fixés annuellement par la loi de finances. Les placements seront opérés sur la désignation de chaque caisse intéressée. La Caisse des Dépôts et Consignations ne pourra se dispenser d'exécuter les ordres d'achat ou de vente adressés par les caisses visées aux n°s 2 à 6 du premier paragraphe de l'article précédent, sauf à les fractionner, s'il y a lieu, suivant la situation du marché et sauf avis contraire de la section permanente du Conseil supérieur des Retraites ouvrières, en ce qui concerne les ordres de vente.

---

(1) Au lieu du « dixième » (loi du 17 août 1915).
(2) Texte en italique nouveau introduit par la loi du 17 août 1915.

Art. 16-§ 1. — Le fonds de réserve visé aux articles 11 et 12 est alimenté :

1º Par les versements prévus à l'article 11 ;

2º Par les amendes prévues à l'article 23 et par les versements des greffes visés au même article *toutes fois qu'il ne sera pas possible de les porter au compte individuel de l'assuré* (1).

. . . . (2)

4º Par la portion non employée annuellement du revenu visé à l'article 4 de la loi du 31 décembre 1895 ;

5º Par les dons et legs qui peuvent être faits à l'État avec affectation audit fonds.

§ 2. — Ce fonds de réserve est déposé à la Caisse des Dépôts et Consignations, qui en fait emploi dans les conditions prévues au troisième alinéa de l'article 15, et ses disponibilités sont comprises dans le maximum visé à l'avant-dernier alinéa dudit article. Les prélèvements sur ce fonds prévus à l'article 12 sont effectués sur l'ordre du ministre du Travail.

TITRE II

RETRAITES ASSURÉES PAR LES SOCIÉTÉS DE SECOURS MUTUELS, LES CAISSES DÉPARTEMENTALES OU RÉGIONALES, LES CAISSES PATRONALES OU SYNDICALES, LES SYNDICATS DE GARANTIE ET LES SYNDICATS PROFESSIONNELS.

Art. 17-§ 1. — Toute société ou union de sociétés de secours mutuels libre ou approuvée, qui a été préalablement agréée à cet effet par décret rendu sur la proposition du ministre du Travail et du ministre des Finances, est admise à assurer directement pour ses sociétaires les retraites prévues par la présente loi. Ces retraites bénéficient de tous les avantages qui y sont spécifiés.

§ 2. — L'agrément ne peut être refusé qu'aux sociétés ou unions ne remplissant par les conditions générales déterminées par un règlement d'administration publique rendu sur la proposition des ministres du Travail et des Finances.

---

(1) Texte en italique introduit par la loi du 17 août 1915.
(2) La loi du 17 août 1915 a supprimé l'alinéa 3 suivant :
« 3º Par les arrérages retenus aux rentiers en application de la prescription de cinq ans, conformément à l'article 2277 du Code civil. »

§ 3. — En cas de refus d'agrément dans les trois mois de la demande, un recours peut être formé devant le Conseil d'État, sans ministère d'avocat et avec dispense de tout droit. L'agrément ne peut être retiré que par décret rendu sur avis conforme de la section permanente du Conseil supérieur des Retraites ouvrières et sauf recours davant le Conseil d'État dans les conditions susénoncées.

§ 4. — Les sommes déposées par les sociétés à la Caisse des Dépôts et Consignations, en exécution de la présente loi formeront un fonds de retraite distinct et aliénable, et les sociétés ne bénéficieront à raison de ces versements ni des subventions de l'État prévues par la loi du 1er avril 1898, ni de la bonification d'intérêt prévue par la loi de finances du 31 mars 1903.

Art. 18 - § 1. — Indépendamment de l'allocation prévue à l'article 12, les sociétés de secours mutuels reçoivent de l'État une allocation annuelle d'un franc cinquante centimes (1f 50), réduite à soixante-quinze centimes (0f 75) pour les assurés de moins de dix-huit ans, qui sera affectée à un dégrèvement de pareille somme sur la cotisation maladie de l'assuré. Toutefois, cette allocation n'est pas attribuée si la cotisation versée pour l'assurance contre la maladie est inférieure à six francs (6 fr.) ou à trois francs (3 fr.) si l'assuré a moins de dix-huit ans.

§ 2. — Les syndicats professionnels qui constituent une caisse d'assurance-maladie régie par la loi du 1er avril 1898, bénéficieront des avantages stipulés au paragraphe précédent (1).

Art. 19 - § 1. — Un règlement d'administration publique rendu sur la proposition des ministres du Travail et des Finances déterminera les conditions de constitution et de fonctionnement des caisses départementales ou régionales, des caisses patronales ou syndicales, des caisses de syndicats de garantie solidaire et des caisses de syndicats professionnels visées à l'article 14.

§ 2. — Un décret rendu sur la proposition des ministres du

---

(1) Modifié par la loi du 17 août 1915; ancien texte :
« Les syndicats professionnels qui constituent une caisse d'assurance-maladie et une caisse d'invalidité et de retraites régies par la loi du 1er avril 1898 dans les conditions réglées par l'article 19 de la présente loi, bénéficieront des avantages stipulés dans le paragraphe précédent. »

Travail et des Finances autorisera la constitution de chaque caisse.

§ 3. — Les employeurs et les salariés qui adhèrent aux caisses patronales ou syndicales ou à des caisses de syndicats de garantie solidaire visées au présent article, peuvent être dispensés, par le décret qui en autorisera la constitution, des versements prévus à l'article 2, à la condition que les pensions soient au moins égales à celles qui seraient obtenues dans les mêmes périodes en vertu de la présente loi.

§ 4. — Ils seront en tous cas dispensés des appositions de timbres prévues par l'article 3 de la présente loi.

§ 5. — *Les caisses patronales ou syndicales sont tenues de capitaliser au compte de chaque adhérent tous ses versements, quel qu'en soit le montant, et la cotisation de l'employeur, dans la limite de sa contribution obligatoire. Si elles reçoivent des employeurs des cotisations supérieures, elles ne sont point tenues de capitaliser le surplus dans les conditions prévues par la présente loi, et elles ont toute latitude, soit pour constituer des réserves, soit pour accorder des avantages supplémentaires aux assurés et à leurs familles. Elles peuvent également recevoir comme adhérentes les femmes non salariées de leurs salariés qui seraient inscrites en qualité d'assurées facultatives* (1).

§ 6. — Les salariés ne pourront valablement s'engager à adhérer à une caisse patronale ou syndicale pour une période supérieure à celle pendant laquelle ils appartiennent à l'entreprise affiliée à la caisse patronale ou à une des entreprises affiliées à la caisse syndicale.

§ 7. — Indépendamment des placements prévus par l'article 15, les fonds des caisses patronales ou syndicales prévues au présent article pourront être employés en prêts garantis par premières hypothèques sur les immeubles appartenant aux entreprises auxquelles correspondent lesdites caisses et jusqu'à concurrence de la moitié seulement de leur valeur.

§ 8. — Tous les actes relatifs aux prêts dont il s'agit seront

---

(1) Modifié par la loi du 17 août 1915; ancien texte :
« Si les caisses patronales ou syndicales reçoivent des employeurs des cotisations supérieures aux contributions fixées à l'article 2, elles sont tenues seulement de capitaliser au compte de chaque salarié la partie de la cotisation correspondant à la contribution obligatoire, et peuvent, avec le surplus, soit constituer des réserves, soit accorder des avantages supplémentaires aux bénéficiaires ou à leurs familles dans les conditions déterminées par leurs statuts approuvés. »

exempts de droits de timbre, d'enregistrement et de toutes autres taxes.

§ 9. — Si, du fait de l'autorisation d'une caisse patronale ou syndicale en vertu de la présente loi, il y a lieu à un transfert à cette caisse de fonds ou de valeurs passible du droit de mutation ou de toutes autres taxes, ce transfert sera exempté desdits droits et taxes.

§ 10. — Les syndicats de garantie solidaire sont soumis aux dispositions du présent article. Indépendamment des placements prévus à l'article 15, leurs fonds peuvent être employés jusqu'à concurrence du tiers en immeubles situés en France et, jusqu'à concurrence du dixième, confondu dans le tiers précédent, en commandites industrielles ou en prêts à des exploitations industrielles de solvabilité notoire et ayant leur siège en France.

Art. 20-§ 1. — Les décrets prévus aux articles 17 et 19 déterminent le mode de liquidation des droits éventuels des bénéficiaires en vue du transfert de la réserve mathématique correspondant à un autre des organismes visés par la présente loi, lorsque la caisse débitrice renonce à la constitution des retraites ouvrières.

§ 2. — Dans le cas où un assuré déclare quitter la caisse à laquelle il appartient pour s'affilier à une autre, il n'y a pas lieu à transfert immédiat. Cette opération est différée jusqu'à l'époque de l'entrée en jouissance de la pension. A ce moment, la caisse à laquelle l'assuré est alors affilié reçoit de chacune des autres caisses la réserve mathématique afférente aux portions de rentes qui y sont constituées. *Toutefois, lorsque le tarif de la dernière caisse n'assurerait pas le chiffre total des rentes éventuelles qui avait été liquidé au profit de l'assuré dans les diverses caisses auxquelles il était précédemment affilié, et si la différence en moins, pour l'ensemble des caisses, dépasse 5 centimes par trimestre, le transfert des réserves mathématiques n'aura pas lieu. Un règlement d'administration publique déterminera les conditions dans lesquelles les caisses antérieures successives rembourseront à la dernière caisse les sommes qu'elles doivent pour le service de la pension* (1).

§ 3. — En ce qui concerne les employés et ouvriers de l'État

---

(1) Texte nouveau en italique introduit par la loi du 17 août 1915.

soumis à des régimes de retraite autres que ceux des pensions civiles ou des pensions militaires et quittant le service avant liquidation de pension, des règlements d'administration publique rendus sur la proposition des ministres du Travail et des Finances et du ministre intéressé détermineront, par analogie, le mode de liquidation à la charge de l'État de la réserve mathématique des pensions en cours d'acquisition.

TITRE III

DISPOSITIONS GÉNÉRALES

Art. 21. — Les retraites et allocations acquises en vertu de la présente loi sont incessibles et insaisissables, si ce n'est au profit des établissements publics hospitaliers pour le paiement du prix de journées du bénéficiaire de la retraite admis à l'hospitalisation, sauf en ce qui concerne les allocations en cas de décès.

Art. 22- § 1. — Les certificats, actes de notoriété et toutes autres pièces exclusivement relatives à l'exécution de la présente loi sont délivrés gratuitement et dispensés des droits de timbre et d'enregistrement. *Un décret déterminera les émoluments des greffiers de justice de paix et des tribunaux civils pour l'établissement de ces documents* (1). Un décret réglera le tarif postal applicable aux objets de correspondance adressés ou reçus pour l'exécution de la loi *par les préfectures et les mairies, ainsi que* par la Caisse nationale des retraites et par les autres caisses prévues à l'article 14 (2).

§ 2. — *Sont exemptées du droit de timbre les affiches, imprimées ou non, apposées par les caisses d'assurances visées à l'article 14 et ayant pour objet exclusif la vulgarisation des statuts, comptes rendus et conditions de fonctionnement de ces caisses en conformité de la loi du 5 avril 1910* (3).

§ 3. — Pour les différends qui naîtraient de l'exécution de la présente loi et qui seraient déférés aux tribunaux civils, il sera procédé comme en matière sommaire et statué d'urgence.

§ 4. — Les recours au Conseil d'État contre les arrêtés minis-

(1) Texte nouveau en italique ajouté par la loi du 17 août 1915.
(2) Modifié par la loi du 17 août 1915; ancien texte :
« Un décret réglera le tarif postal applicable aux objets de correspondance adressés ou reçus pour l'exécution de la loi par la Caisse nationale des Retraites et par les autres caisses visées à l'article 14. »
(3) Paragraphe nouveau introduit par la loi du 17 août 1915.

tériels statuant sur les réclamations relatives aux allocations prévues par la présente loi seront dispensés du ministère d'un avocat et auront lieu sans frais.

Art. 23-§ 1. — L'employeur ou l'assuré par la faute duquel l'apposition des timbres, prescrite par la présente loi, n'aura pas eu lieu, sera passible d'une amende égale aux versements omis, prononcée par le juge de simple police, quel qu'en soit le chiffre, sans préjudice de la condamnation, par le même jugement, au paiement de la somme représentant les versements à sa charge, et qui sera portée au compte individuel de l'assuré.

§ 2. — L'amende sera versée au fonds de réserve. L'employeur qui a été dans l'impossibilité d'apposer le timbre prescrit pourra se libérer de la somme à sa charge, en la versant à la fin de chaque mois, directement ou par la poste, au greffier de la justice de paix ou à l'organisme, reconnu par la loi, auquel serait affilié l'assuré.

§ 3. — Tous les trois mois, le greffier déposera les sommes par lui touchées à la Caisse des Dépôts et Consignations.

Art. 24-§ 1. — Sont passibles d'une amende de cent à deux mille francs (100 à 2.000 fr.) et d'un emprisonnement de cinq jours à deux mois :

1º Les administrateurs, directeurs ou gérants de toutes sociétés ou institutions recevant sans avoir été dûment agréées ou autorisées à cet effet, les versements visés par la présente loi;

2º Les administrateurs, directeurs ou gérants de tous les organismes visés au titre II, en cas de fraude ou de fausse déclaration intentionnelle dans l'encaissement ou dans la gestion, le tout sans préjudice du retrait des autorisations ou des agréments prévus aux articles 17 et 19;

3º L'assuré ou toute personne qui aura fait disparaître des cartes annuelles les timbres dûment apposés.

§ 2. — L'article 463 du Code pénal et la loi du 26 mars 1891 sont applicables dans les cas prévus au présent article.

Art. 25-§ 1. — Le ministre du Travail établit la statistique de toutes les opérations effectuées en exécution de la présente loi et en résume les résultats dans un rapport annuel qui est adressé au Président de la République et qui rend compte de l'application générale de la loi.

§ 2. — Ce rapport est publié au *Journal officiel* et distribué aux Chambres.

Art. 26- § 1. — Il est formé, auprès du ministre du Travail, et sous sa présidence, un Conseil supérieur des Retraites ouvrières chargé de l'examen de toutes les questions se rattachant au fonctionnement de la présente loi.

§ 2. — Ce conseil est composé de :

Deux sénateurs et trois députés élus par leurs collègues;

Deux conseillers d'État élus par le Conseil d'État;

Quatre délégués du Conseil supérieur des Sociétés de secours mutuels;

Deux délégués de la Commission supérieure des Caisses d'épargne;

Quatre délégués du Conseil supérieur du Travail, dont deux élus par les conseillers patrons, et deux par les conseillers ouvriers, dont un ouvrier et un employé;

Deux membres choisis par le Conseil supérieur du Commerce et de l'Industrie : un parmi les patrons et un parmi les salariés;

Deux membres choisis par le Conseil supérieur de l'Agriculture : un parmi les patrons et un parmi les ouvriers ou employés d'exploitations agricoles;

Un administrateur de caisses départementales ou régionales nommé par le ministre du Travail;

Deux personnes connues pour leurs travaux sur les institutions de prévoyance, désignées, l'une par le ministre du Travail, l'autre par le ministre des Finances;

Deux membres agrégés de l'Institut des Actuaires français désignés de concert par le ministre du Travail et le ministre des Finances.

§ 3. — Ces membres sont nommés pour trois ans.

§ 4. — Font partie de droit du Conseil :

Le directeur général de la Comptabilité publique au ministère des Finances;

Le directeur de l'Assurance et de la Prévoyance sociales au ministère du Travail;

Le directeur général de la Caisse des Dépôts et Consignations;

Le directeur du Mouvement général des fonds et le chef du service de l'Inspection générale au ministère des Finances;

Le directeur de la Mutualité au ministère du Travail;

Le directeur des retraites ouvrières et paysannes au ministère du Travail (1);

---

(1) Texte nouveau en italique introduit par la loi du 17 août 1915.

Le directeur des Affaires départementales et communales au ministère de l'Intérieur (1).

§ 5. — Le Conseil élit ses deux vice-présidents. Il se réunit au moins une fois par semestre.

§ 6. — Il nomme une section permanente composée :

1° De onze membres pris dans son sein, dont un sénateur, un député, un conseiller d'État, un délégué du Conseil supérieur des Sociétés de secours mutuels, deux employeurs, un ouvrier et un employé de l'industrie et du commerce, un exploitant, un ouvrier agricole et un actuaire;

2° Des membres de droit.

§ 7. — La section permanente donne son avis sur les questions qui lui sont renvoyées, soit par le Conseil supérieur, soit par le ministre du Travail.

Art. 27. — La présente loi sera applicable dans le délai fixé par la loi de finances de 1911, qui comprendra les ressources générales nécessaires à son fonctionnement, et trois mois au moins après l'insertion des règlements d'administration publique au *Journal officiel.*

TITRE IV

DISPOSITIONS TRANSITOIRES

Art. 28. — Les pensions déjà acquises à un titre quelconque, en vertu de contrats, et dont le service incombe à l'employeur, seront fournies, comme précédemment, suivant les règlements particuliers de l'entreprise.

Art. 29-§ 1. — A partir de la mise en application de la présente loi, les caisses de retraite dont le service incombe à l'employeur et les caisses de prévoyance précédemment organisées par les patrons avec le concours des ouvriers et employés et qui n'auront pas obtenu l'autorisation prévue à l'article 19, fonctionneront exclusivement pour l'exécution des engagements antérieurement contractés par lesdites caisses, en ce qui concerne tant les pensions acquises à un titre quelconque que les rentes et pensions de retraites en cours d'acquisition.

---

(1) Texte nouveau introduit par la loi du 17 août 1915.

§ 2. — Toutefois, si les versements des salariés et les contributions des employeurs aux caisses de prévoyance n'équivalent pas au chiffre fixé par l'article 2 ci-dessus, ils doivent être majorés en conséquence, à moins que les pensions de retraite assurées ne se trouvent supérieures à celles qui seraient obtenues en vertu de la présente loi.

Art. 30. — Le capital constitutif des rentes incombant soit aux employeurs, soit aux caisses de prévoyance pourra être versé, en totalité ou par fractions successives, à la Caisse nationale des Retraites pour la vieillesse, qui devra, en ce cas, inscrire au compte individuel de chaque ayant droit les rentes correspondant audit capital, calculées dans les conditions prévues par la législation de cette Caisse, et en effectuer le paiement à partir de l'âge fixé pour l'entrée en jouissance.

Art. 31- § 1. — Lorsque les caisses auront été organisées avec le concours des ouvriers et employés, les intéressés seront appelés à se prononcer, dans un délai maximum de six mois, sur les mesures à prendre à raison des engagements précités et sur le mode de réalisation des ressources nécessaires.

§ 2. — A défaut d'entente entre les employeurs, d'une part, et la majorité des ouvriers et employés, d'autre part, les deux parties pourront décider que le règlement des mesures à prendre et la fixation des versements à opérer seront confiés à la commission arbitrale instituée par l'article 32 ci-après.

§ 3. — Si les employeurs et la majorité des ouvriers et employés ne peuvent se mettre d'accord dans le délai de six mois susindiqué, ni sur les mesures à adopter, ni sur le recours à la commission arbitrale, les tribunaux nommeront, à la requête de la partie la plus diligente, un liquidateur chargé d'assurer, au mieux des intérêts en présence, la liquidation de la caisse de prévoyance.

§ 4. — Le rapport du liquidateur sera soumis à l'homologation du tribunal.

Art. 32- § 1. — La commission arbitrale prévue par l'article 31 sera composée de sept membres permanents nommés :

Deux par la commission supérieure de la Caisse nationale des Retraites pour la vieillesse ;

Deux par le Conseil supérieur des Retraites prévu à l'article 26 de la présente loi ;

Deux par la Cour d'appel de Paris, parmi les conseillers de la cour ;

Un par la Cour des Comptes, parmi les conseillers de la cour.

La commission élira son président et son secrétaire ; elle siégera au ministère du Travail ; ses fonctions seront gratuites.

Le nombre des membres de la commission arbitrale sera porté à neuf par l'adjonction, dans chaque affaire, de deux membres désignés : l'un par les employeurs, l'autre par la majorité des ouvriers et employés.

§ 2. — La procédure se fera sans frais d'aucune sorte ; tous actes, documents et pièces quelconques à produire seront dispensés du timbre et enregistrés gratis.

Art. 33-§ 1. — Pour les différends qui naîtraient de l'exécution de la présente loi et qui seraient déférés aux tribunaux civils, il sera procédé comme en matière sommaire et statué d'urgence.

§ 2. — Les bénéficiaires de la loi obtiendront, de droit, l'assistance judiciaire devant la juridiction du premier degré.

§ 3. — Tous actes, documents et pièces quelconques à produire seront dispensés du timbre et enregistrés gratis.

§ 4. — Les intéressés agissant en nom collectif seront représentés par un mandataire nommé par eux à la majorité des voix, sans préjudice, pour chacun d'eux, du droit d'intervention individuelle.

Art. 34. — Un règlement d'administration publique déterminera : la procédure à suivre pour l'introduction, l'instruction et la solution des affaires soumises à la commission arbitrale ; le nombre, le mode de nomination et les attributions des auxiliaires de l'instruction ; le mode de nomination du mandataire prévu à l'article 33.

Art. 35-§ 1. — Les infractions aux dispositions des articles 28 et 29 qui précèdent seront punies d'une amende de seize francs (16 fr.) à deux cents francs (200 fr.). En cas de mauvaise foi, le chiffre de l'amende pourra être porté à cinq cents francs (500 fr.).

§ 2. — L'article 463 du Code pénal et la loi du sont applicables.

§ 3. — Les dispositions du présent titre ne sont pas applicables aux caisses de retraites autorisées conformément à la loi du 27 décembre 1895. Ces caisses de retraites pourront continuer à fonctionner si leurs adhérents satisfont d'autre part aux obligations de la présente loi (1).

TITRE V

RETRAITES DES MÉTAYERS, FERMIERS, CULTIVATEURS, ARTISANS ET PETITS PATRONS

Art. 36- § 1. — Les fermiers, métayers, cultivateurs, artisans et petits patrons qui, habituellement, travaillent seuls ou avec un seul ouvrier et avec des membres de leur famille, salariés ou non, habitant avec eux, et qui voudraient se constituer une retraite ou en assurer une à ces membres de leur famille, seront admis facultativement, en opérant des versements à l'une des caisses visées par l'article 14 et dans les conditions énumérées aux paragraphes ci-après, au bénéfice d'une pension de retraite, *à partir de l'âge de soixante ans, avec faculté d'en ajourner la liquidation jusqu'à l'âge de soixante-cinq ans, et au bénéfice, le cas échéant, des dispositions de l'article 18* (2).

§ 2. — Pour les fermiers, cultivateurs, artisans et petits patrons, les versements annuels seront, au minimum, de neuf francs (9 fr.) par assuré pour la cotisation totale et, au maximum, de dix-huit francs (18 fr.). En ce qui concerne les métayers, les versements annuels seront, au minimum, de six francs (6 fr.); ils emporteront de plein droit le versement de pareille somme par les propriétaires, à concurrence d'un maximum de neuf francs (9 fr.).

§ 3. — Ces versements bénéficieront sur les fonds de l'État d'une majoration allouée chaque année, à capital aliéné, au

---

(1) Paragraphe nouveau introduit par la loi du 17 août 1915.
(2) Modifié par la loi du 27 février 1912; ancien texte :
« *Article 36.* — Les fermiers, métayers, cultivateurs, artisans et petits patrons qui, habituellement, travaillent seuls ou avec un seul ouvrier et avec des membres de leur famille, salariés ou non, habitant avec eux, et qui voudraient se constituer une retraite ou en assurer une à des membres de leur famille, seront admis facultativement, en opérant des versements à l'une des caisses visées par l'article 14 et dans les conditions énumérées aux paragraphes ci-après, au bénéfice d'une pension de retraite, à l'âge de soixante-cinq ans, et au bénéfice, le cas échéant, des dispositions de l'article 18. »

compte de l'intéressé; cette majoration sera égale à la *moitié des versements effectués* (1).

§ 4. — *Lors de la liquidation de la retraite, le montant de cette majoration sera augmenté de la rente qu'eût produite, à l'âge de soixante ans, un versement de 9 francs effectué à capital aliéné, dans chacune des années qui le motivent, pour chaque année de service militaire obligatoire accomplie sous le régime de l'assurance pour les hommes et de naissance d'enfant constatée par la déclaration faite à l'officier de l'état civil pour les femmes, pourvu que la femme ait été placée sous le régime de l'assurance avant ladite naissance, sans qu'en aucun cas la rente viagère résultant à soixante ans des majorations puisse dépasser le chiffre de 100 francs* (2).

§ 5. — Le droit à la majoration sera épuisé lorsque la rente viagère, résultant à *soixante ans* des majorations versées antérieurement, aura atteint le chiffre de *100 francs* ou lorsque le bénéficiaire aura cessé de faire partie des catégories visées au présent article. *La rente provenant de la majoration prévue au paragraphe 3 ci-dessus, et, s'il y a lieu, de la bonification prévue au paragraphe 7 du présent article, sera augmentée d'un dixième, sans que cette augmentation puisse dépasser 10 francs, à l'égard de l'assuré de l'un ou de l'autre sexe ayant élevé au moins trois enfants jusqu'à l'âge de seize ans* (3).

§ 6. — Les dispositions des paragraphes précédents sont étendues :

1° Aux salariés dont le salaire annuel est supérieur à 3.000 francs, mais ne dépasse pas 5.000 francs;

2° Aux membres de la famille des assurés obligatoires ou facultatifs travaillant et habitant avec eux;

3° Aux femmes non salariées des assurés obligatoires ou facultatifs et aux veuves non salariées des assurés de l'une ou de l'autre catégorie qui, à la date du décès de leur mari, se trouvaient effectivement placées sous le régime de la présente loi;

4° Aux femmes ou veuves non salariées dont les maris, appartenant actuellement ou ayant appartenu au moment de leur décès

---

(1) Modifié par la loi du 27 février 1912; ancien texte : « ... au tiers des versements effectués. »

(2) Paragraphe nouveau introduit par la loi du 17 août 1915.

(3) Modifié par la loi du 27 février 1912; ancien texte :

« Le droit à la majoration sera épuisé lorsque la rente viagère, résultant à soixante-cinq ans des majorations versées antérieurement, aura atteint le chiffre de soixante francs (60 fr.) ou lorsque le bénéficiaire cessera de faire partie des catégories visées au présent article. »

à l'une des catégories du titre V de la loi, n'ont pas bénéficié de l'assurance, ainsi qu'aux femmes ou veuves non salariées dont les maris sont, ou étaient, lors de leur décès, retraités au titre de la présente loi;

5° Aux femmes ou veuves non salariées des agents, employés ou ouvriers placés soit sous le régime des pensions civiles ou militaires, soit sous l'un des régimes spéciaux énumérés à l'article 10 ci-dessus, lorsque l'ensemble des salaires et pensions de leurs maris n'excède pas 5.000 francs (1).

§ 7. — Pour les *fermiers non visés au neuvième alinéa ci-dessous*, les cultivateurs, artisans et petits patrons âgés de plus de *trente-cinq ans au 3 juillet 1911*, qui auront commencé leurs versements dès cette époque et qui faisaient partie depuis trois ans au moins des catégories d'intéressés susvisées, il sera ajouté à la pension acquise résultant de leurs versements effectifs et de la majoration de *moitié* une bonification égale à la rente qu'eût produite un versement annuel de *12 francs* depuis l'âge de *trente-cinq* ans jusqu'à l'âge qu'ils avaient *au 4 juillet 1911*, sans qu'en aucun cas cette bonification puisse s'appliquer à une période supérieure à *vingt-cinq ans. Les dispositions du paragraphe 4 de l'article 5 sont applicables à cette bonification* (2).

§ 8. — Les métayers âgés de plus de *trente-cinq ans au 3 juillet 1911* et qui, à partir de cette époque, auront effectué des versements annuels égaux à ceux que prévoit le *paragraphe 2 de l'article 4 pour les salariés adultes*, recevront l'allocation viagère fixée par l'article 4 pour les assurés obligatoires (3).

§ 9. — Il en sera de même pour les fermiers du même âge qui

---

(1) Modifié par la loi du 17 août 1915; ancien texte :
« Les dispositions des paragraphes précédents sont étendues : 1° aux femmes et veuves non salariées des assurés des titres I et V; 2° aux salariés dont le salaire annuel est supérieur à trois mille francs (3.000 fr.), mais ne dépasse pas cinq mille francs (5.000 fr.). »

(2) Modifié par la loi du 27 février 1912; ancien texte :
« Pour les cultivateurs, artisans et petits patrons âgés de plus de quarante ans au moment de la mise en vigueur de la présente loi, qui commenceront leurs versements dès cette époque et qui faisaient partie depuis trois ans au moins des catégories d'intéressés susvisées, il sera ajouté à la pension acquise résultant de leurs versements effectifs et de la majoration du tiers une bonification égale à la rente qu'eût produite un versement annuel de neuf francs (9 fr.) depuis l'âge de quarante ans jusqu'à l'âge qu'ils avaient au moment de la mise en vigueur de la loi. »

(3) Modifié par la loi du 17 août 1915; ancien texte (L. 27 févr. 1912) :
« Les métayers âgés de plus de trente-cinq ans au 3 juillet 1911 et qui, à partir de cette époque, auront effectué des versements annuels égaux à ceux que prévoit l'article 2, recevront l'allocation viagère fixée par l'article 4 pour les assurés obligatoires. »
Texte de la loi du 5 avril 1910 : « Les métayers *âgés de plus de quarante ans au moment de la mise en vigueur de la présente loi.* »

auront rempli les mêmes conditions (1), sous la réserve que le prix de leurs fermes ne dépassera par le chiffre global de six cents francs (600 fr.).

§ 10. — Si les versements annuels minima prévus au paragraphe 2 du présent article n'ont pas été effectués pendant le nombre d'années prévu aux alinéas précédents, la bonification précitée sera réduite dans la même proportion que le nombre d'années de versements. *Pour les femmes placées sous le régime de la période transitoire, chaque naissance d'enfant constatée, après l'entrée dans l'assurance, par la déclaration faite à l'officier de l'état civil et pour les hommes placés sous le régime de la période transitoire, chaque année de service militaire obligatoire accomplie sous le régime de l'assurance s'ajoutera pour une année au total des versements comptés pour le calcul de la bonification jusqu'à la limite de vingt-cinq années portée au paragraphe 7 (2).*

§ 11. — *Les avantages prévus par les articles 6, 8 et 9 de la présente loi seront accordés aux personnes visées au présent article qui, depuis la mise en vigueur de cette loi ou depuis leur entrée dans l'assurance sous réserve qu'elle soit antérieure à l'âge de trente ans, ou, en cas contraire, qu'elle remonte à cinq ans au moins, auront, chaque année, versé à l'une des caisses indiquées à l'article 14, la contribution minimum de 9 francs (3).*

§ 12. — L'article 7 de la présente loi est étendu aux personnes visées au deuxième alinéa du présent article. De plus, pour ceux des intéressés de la période transitoire, qui seraient à soixante-cinq ans dans les conditions requises pour bénéficier des allocations de la loi d'assistance, la bonification de l'État sera portée à un chiffre égal à celui de l'*allocation* accordée aux assurés obligatoires du même âge, pourvu que les versements facultatifs de l'intéressé aient été de 18 francs pour chaque année écoulée depuis le *3 juillet 1911* (4).

---

(1) Modifié par la loi du 17 août 1915; ancien texte :
« ... les fermiers du même âge qui auront rempli les mêmes conditions *et fait le double versement prévu à l'article 2*, sous la réserve... »
(2) Le texte en italique a été ajouté par la loi du 17 août 1915.
(3) Modifié par la loi du 17 août 1915; ancien texte :
« Les avantages prévus par les articles 6, 8 et 9 de la présente loi seront accordés aux personnes visées au présent article qui, depuis la mise en vigueur de cette loi ou depuis l'âge de dix-huit ans, auront, chaque année, versé à l'une des caisses indiquées à l'article 14 la contribution minimum de neuf francs (9 fr.).
(4) Modifié par la loi du 27 février 1912; ancien texte : « ... à un chiffre égal à celui de la bonification accordée aux assurés obligatoires de même âge, pourvu que les versements facultatifs de l'intéressé aient été de 18 francs pour chaque année écoulée depuis la mise en vigueur de la présente loi. »

§ 13. — Les assurés facultatifs désignés au présent article, et qui occupent des salariés faisant partie ou non de leur famille, sont tenus, à l'égard de ces salariés, aux versements obligatoires des employeurs, tels qu'ils sont fixés par l'article 2 ci-dessus.

Art. 37- § 1. — *Si un assuré a successivement appartenu pendant plus de quinze ans au régime du titre I et à celui de l'article 36, sans toutefois avoir effectué pendant trente années les versements prévus pour les assurés du titre I, il aura droit, pour chaque année de versement en qualité d'assuré obligatoire, à l'allocation fixée par le paragraphe 3 de l'article 4. Cette allocation s'ajoutera à la rente provenant des majorations correspondant à ses années d'assurance facultative sans que le total puisse excéder le maximum prévu à l'article 4.*

§ 2. — Si un assuré qui a été admis au bénéfice de la période transitoire, soit en qualité d'assuré facultatif, soit en qualité d'assuré obligatoire, a appartenu successivement à ces deux catégories, il bénéficiera exclusivement des avantages afférents au régime auquel il a le plus longtemps appartenu. En cas d'égalité, il sera considéré comme ayant appartenu uniquement au régime de l'assurance obligatoire (1).

TITRE VI

DISPOSITIONS DIVERSES

Art. 38- § 1. — Des avances remboursables peuvent être faites aux caisses départementales ou régionales concourant à l'exé-

---

(1) Modifié par la loi du 27 février 1912; ancien texte :

« *Article 37.* — Si un assuré a successivement appartenu aux régimes du titre I et de l'article 36, l'allocation viagère prévue à l'article 4 ne peut se cumuler avec la rente résultant des majorations de l'article 36 que jusqu'à concurrence du chiffre fixé par l'article 4.

« Au cas où l'assuré visé à l'alinéa précédent compte un nombre d'années de versements obligatoires inférieur à quinze, il lui est attribué, pour chacune de ces années, une rente complémentaire égale à celle qu'eût produite la majoration de ses versements obligatoires et des contributions patronales, sans que cette rente puisse dépasser un franc cinquante centimes (1ᶠ 50) par année, et sous la condition que le nombre total de ses années de versements dans les conditions des articles 4 et 36 soit au moins égal à quinze. S'il compte un nombre d'années de versements obligatoires supérieur à quinze et inférieur à trente, il peut parfaire ce nombre par des années de versements facultatifs, en conformité de l'article 36, pour obtenir le bénéfice de l'article 4.

« Les assurés visés à l'article 36, ayant trente-cinq ans accomplis au moment de l'entrée en vigueur de la loi, qui passeraient ensuite dans la catégorie des assurés visés au titre I et effectueraient des versements annuels obligatoires atteignant au moins les trois cinquièmes du chiffre fixé à l'article 2, seront soumis, pour lesdites années de versements, aux dispositions des cinquième et sixième alinéas de l'article 4, sans que toutefois l'allocation viagère puisse se cumuler avec les majorations et bonifications de l'article 36 au delà du chiffre fixé à l'article 4. »

cution de la présente loi, pour couvrir leurs frais de premier établissement, *ainsi qu'aux sociétés ou unions de sociétés de secours mutuels et aux caisses de retraites de syndicats professionnels dans les conditions qui seront fixées par un règlement d'administration publique* (1). Le remboursement de ces avances sera effectué, dans un délai qui ne pourra excéder quinze ans, par annuités égales calculées au taux du tarif de chaque caisse pour la première année d'opération.

§ 2. — *Les décrets d'autorisation visés aux articles 17 et 19 fixeront, pour chaque caisse, le maximum desdites avances remboursables* (2).

Art. 39. — Le cinquième alinéa de l'article 3 ci-dessus est applicable à la Caisse nationale d'épargne postale pour l'encaissement des versements obligatoires ou facultatifs de ses adhérents, si ceux-ci en font la demande.

Art. 40. — Les étrangers naturalisés n'auront droit au bénéfice des articles 4, 7 et 36 de la présente loi que s'ils ont été naturalisés avant l'âge de cinquante ans.

Art. 41. — Un règlement d'administration publique, rendu sur la proposition des ministres du Travail et des Finances, déterminera toutes les dispositions nécessaires à l'application de la présente loi, sans préjudice des règlements spéciaux ci-dessus prévus.

Art. 42. — A dater de l'entrée en vigueur de la présente loi, sont abrogées toutes dispositions contraires, notamment l'article 3 de la loi du 27 décembre 1895, et, en ce qui touche les bénéficiaires de la présente loi, les dispositions de la loi du 31 décembre 1895.

---

(1) Texte en italique introduit par la loi du 27 février 1912.
(2) Modifié par la loi du 27 février 1912; ancien texte :
« Les décrets visés à l'article 19, qui autorisent les caisses départementales ou régionales à concourir au service des retraites, fixeront, pour chacune de ces caisses, le maximum desdites avances remboursables. »

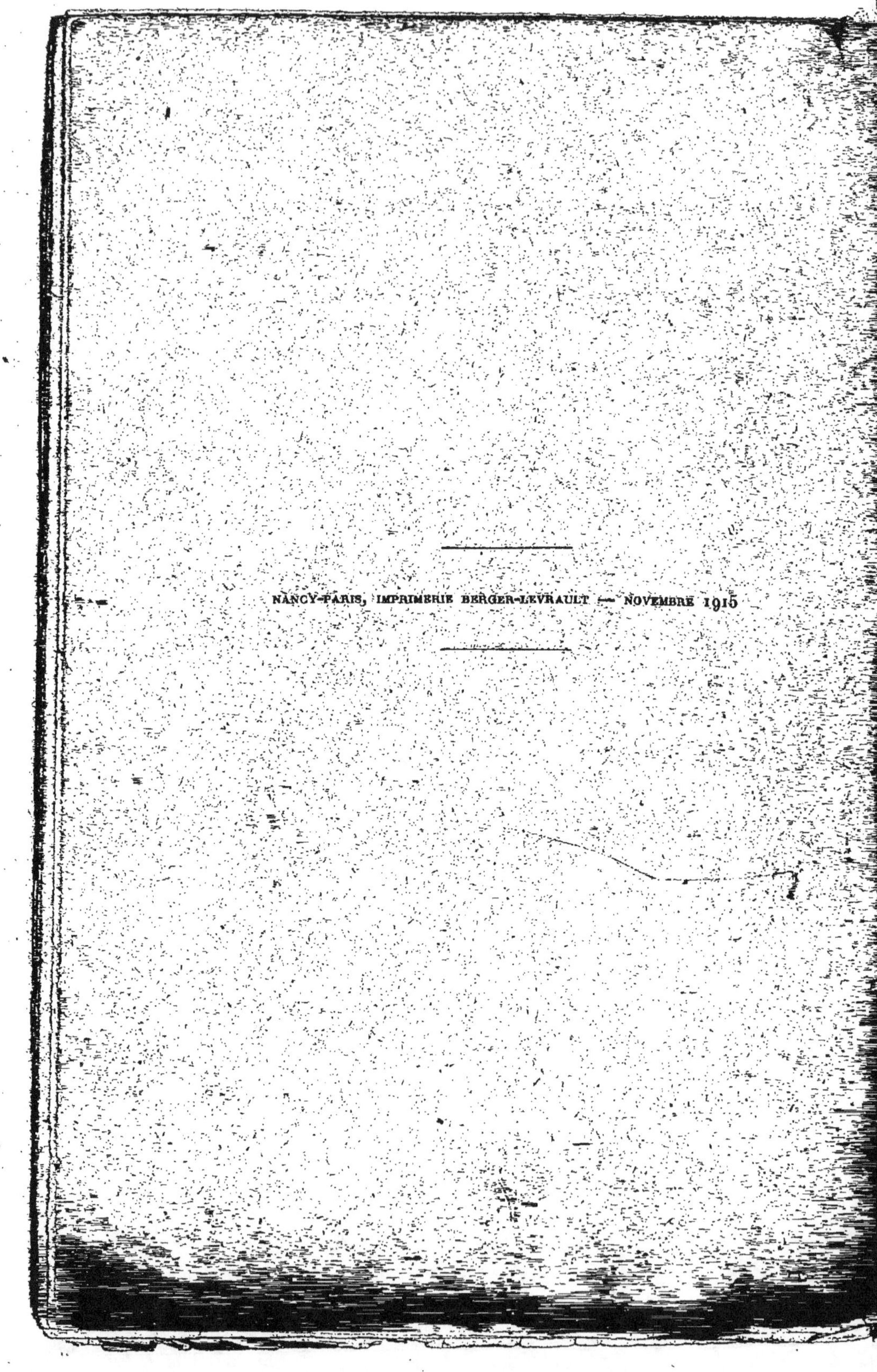
NANCY-PARIS, IMPRIMERIE BERGER-LEVRAULT — NOVEMBRE 1915